ReactJ

Webanwendungsentwi cklung

Ein Führer zu einer der beliebtesten JavaScript-Bibliotheken

By Daniel Green

Inhaltsverzeichnis

Gegenerklärung

Während alle Versuche unternommen wurden, um die Informationen zu überprüfen, die in diesem Buch zur Verfügung gestellt werden, übernimmt der Autor keine Verantwortung für Fehler, Auslassungen oder gegensätzliche Interpretationen des enthaltenen Themas. **Die Informationen, die in diesem Buch zur Verfügung stehen, sind nur für Bildungs- und Unterhaltungszwecke. Die Leser sind für ihre eigenen Handlungen verantwortlich und der Autor übernimmt keine Verantwortung für jegliche Verbindlichkeiten oder Schäden, echte oder vermeintliche, die aus der Nutzung dieser Informationen entstehen.**

Die benutzten Handschriften sind ohne Zustimmung und die Veröffentlichung der Handschrift ist ohne Erlaubnis oder Begleitung des Markeninhabers. Alle Handschriften und Marken in diesem Buch sind nur für Klärungszwecke und gehören nur den Besitzern, die nicht mit diesem Dokument verbunden sind.

Einführung

Vor einigen Jahren hatten Entwickler und vor allem Webentwickler zahlreiche Probleme bei der Entwicklung einzelner Seiten von Webanwendungen. Dieses Problem bestand bis JavaScript React eingeführt wurde. Das ist eine JavaScript-Bibliothek, die den Programmierern bei der Lösung der Probleme hilft, wenn sie Webanwendungen erstellen, die nur eine Einzelseite wert sind.

Das Gute an der Bibliothek ist, dass sie mit anderen JavaScript-Bibliotheken integriert werden kann, um so die Funktionalität Ihrer endgültigen Webanwendung zu verbessern. Viele Programmierer und Nicht-Programmierer denken, dass diese Bibliothek nicht mit anderen JavaScript-Bibliotheken genutzt werden kann, was nicht der Fall ist. Das bedeutet, dass diese Bibliothek auch benutzt werden kann, um die Funktionalität zu den erstellten Komponenten hinzufügen, in einer Weise, in der eine bestimmte Komponente, ausgewählt worden ist, dann wird es etwas machen, dass Sie angeben.

Die Bibliothek ist sehr gut bei der Unterstützung von Animationen. Die Animation kann entweder ein einzelnes Wort oder ein Bild einbeziehen, oder mehrere Bilder oder Wörter. Das erklärt, warum die meisten Webseiten mit einer Bilderkarussell, in denen der Bildschieberegler für die Webseiten der Seite erstellt wurde, bei der Benutzung von der JavaScript-Bibliothek, entwickelt wurden. Das zeigt auch, wie gut die Bibliothek ist bei der Verbesserung der Benutzeroberfläche von Webanwendungen. Mit dieser Bibliothek kann die Benutzeroberfläche in eine Anzahl von Komponenten gebrochen werden.

Kapitel 1
Beschreibung

Das ist eine JavaScript-Bibliothek und sie wurde für die Entwicklung von Benutzeroberflächen verwendet. Die Bibliothek ist quelloffen und die meisten Leute nennen sie React.js oder ReactJS. Die Bibliothek wurde entwickelt, um die Probleme zu lösen, die die Programmierer bei der Entwicklung der Anwendungen hatten, die nur eine einzelne Seite sind. Es wird von Instagram, Facebook und einer Gruppe aus Entwicklern betrieben.

Mit React kann man große Anwendungen entwickeln und Daten benutzen, die sich häufig ändern können. Das kann auf eine sehr einfache Weise durchgeführt werden. Man beachte, dass es nur benutzt werden kann, um den Oberflächenteil Ihrer Anwendung zu entwickeln, da es im Hinblick auf MVC (mode-view-controller) nur die Ansicht bildet.

Es ist möglich, diese Bibliothek mit anderen JavaScript-Bibliotheken wie AngularJS, zu integrieren. Auch wenn es nur für die Entwicklung der Benutzeroberfläche benutzt wurde, ist es möglich, Add-ons zu verwenden, die bei Ereignissen zusammen mit dieser Bibliothek wirken, um erstaunliche Webanwendungen zu erstellen.

Es ist mit einer DOM (Datenobjektmanipulation) ausgestattet, was bedeutet, dass es nicht sehr stark auf die DOM des Browsers angewiesen ist.

Das bedeutet, dass es leicht ist, die Teile der DOM zu kennen, die bei dem Vergleich mit den Gespeicherten, geändert wurden. Dann kann es die DOM des Browsers aktualisieren.

Mit React JavaScript anfangen

Sie müssen zuerst die Bibliothek runterladen. Das kann von GitHub runtergeladen werden. Die heruntergeladene Datei wird immer in einem ZIP-Format sein. Sie müssen sie extrahieren, damit sie brauchbar wird. Die Dateien, in denen Sie Ihr Code schreiben, sollten im gleichen Verzeichnis gespeichert werden wo Sie den Inhalt des Downloads extrahiert haben. Sie sollten also mit einer ".html" - Erweiterung gespeichert werden.

Lassen Sie uns das zeigen, indem wir unser erstes Beispielcode bei React schreiben:

Extrahieren Sie den Inhalt der Datei in einem bestimmten Verzeichnis. Öffnen Sie Ihr Texteditor Ihrer Wahl, wie Editor oder Editor ++ falls Sie Windows benutzen. Für Linux- und Mac OS X-Nutzer, benutzen Sie Texteditoren Ihrer Wahl, wie VIM in Linux und Emacs in Mac. Schreiben Sie einfach den folgenden Code in den Editor:

```html
</head><!DOCTYPE html>
<html>
<head>
<title> Hello, welcome to React!</title>
<script src="build/react.js"></script>
<!-- No need for JSXTransformer! -->
<body>
<div id="hello"></div>
<script src="build/hello.js"></script>
</body>
</html>
```

Nachdem Sie den Code geschrieben haben, speichern Sie die Datei mit einer ".*html*"-Erweiterung und in dem gleichen Verzeichnis, wo Sie den Inhalt der heruntergeladenen Datei extrahiert haben. Öffnen Sie die Datei mit Ihrem Browser und sehen Sie die Ausgabe. Folgendes sollte stehen:

Hello, welcome to React!

Aus der oben gezeigten Abbildung ist sehr deutlich, dass der Code die Wörter hergestellt hat, die wir als Ausgabe spezifiziert haben.

Es ist auch möglich, den Reactcode separat zu schreiben. Schreiben Sie den folgenden *"src/hello.js"* Code:

```
React.render(
<h1>Hello, welcome to React!</h1>,
document.getElementById('hello')
);
```

Speichern Sie einfach die oberige Datei mit einer *".js"*-Erweiterung, um zu implizieren, dass es eine JavaScript-Datei ist. Das sollte dann von der Datei, die mit der *".html"*-Erweiterung gespeichert wurde, folgendermaßen referenziert werden:

```
<script type="text/jsx" src="src/hello.js"></script>
```

Die HTML-Datei sollte dann folgendermaßen aktualisiert werden:

```html
</head><!DOCTYPE html>
<html>
<head>
<title> Hello, welcome to React!</title>
<script src="build/react.js"></script>
<!-- No need for JSXTransformer! -->
<body>
<div id="hello"></div>
<script src="build/hello.js"></script>
</body>
</html>
```

Dann können Sie Ihr Code ausführen und Sie werden die folgende Ausgabe sehen:

Hello, welcome to React!

Es ist sehr deutlich, dass wir das gleiche Ergebnis erzielt haben, aber mit anderen Methoden.

Kapitel 2

Im React Komponente erstellen

Komponenten ermöglichen React Klassen zu nennen.

Um das zu erreichen, sollten Sie Folgendes tun:

```
var MainV = React.createClass({});
```

Nach der obigen Sache, sollte der nächste Schritt

sein, die Übertragung aus den Bildschirm. Das kann

folgendermaßen erreicht werden:

```
React.renderComponent(new MainV(), document.body);
```

Lassen Sie uns das an einem Beispiel zeigen. Sehen

Sie sich Sie den folgenden Beispielcode an:

```
var MainV = React.createClass({
getDefaultProps: function(){
return {
}
},
getInitialState: function(){
return {
}
},
render: function(){
return React.DOM.div({
className: 'root'
}, 'My div')
}
})
```

Schreiben Sie einfach den Code und führen Sie ihn

dann aus. Beobachten Sie die Ausgabe, die Sie

erhalten. Es sollte folgendermaßen sein:

My div

Der Code gibt ein *"div"* Element, den wir zusammen

mit dem Text, den wir festgelegt haben, erstellt

haben. Das wurde sehr einfach mit React erreicht. Es

ist wichtig, folgende Methoden nicht zu benutzen:

- **getDefaultProps**: diese Methode ist nur

  einmal abrufbar und sie muss aufgerufen

  werden bevor wir die Ausgabe auf dem

  Bildschirm wiedergeben. Es hat die erste

  Methode gebildet, die aufgerufen werden

  muss.

- **getInitialState**: diese Methode kann auch nur einmal abgerufen werden. Es gibt die voreingestellte Lage unseres Komponenten. Beachten Sie, dass dies nach der obigen Methode aufgerufen werden kann;

- **render**: diese Methode hat den Zweck, die Ausgabe oder das Ergebnis auf dem Bildschirm, zu übertragen. Es kann nur einmal aufgerufen werden.

Daten zu Komponenten hin fügen

Es ist möglich, Daten zu Komponenten, die wir oben erstellt haben, hinzufügen. Das kann sehr einfach gemacht werden. Sehen Sie sich Folgendes an:

Schreiben Sie den folgenden JavaScript-Code:

```
var MainV = React.createClass({
getDefaultProps: function(){
return {
r: null
}
},
getInitialState: function(){
return {
}
```

```
    },
    render: function(){
    return React.DOM.div({
    className: 'root'
    },
    _.map(this.props.r, function(r){
    return React.DOM.div({
    className: 'box'
    })
    })
    )
    }
    })
    var getData = function getData(){
    return [
    {
    color: "green",
    value: "#ofo"
    },
    {
```

```
color: "red",

value: "#f00"

},

{

color: "cyan",

value: "#0ff"

},

{

color: "blue",

value: "#00f"

},

{

color: "magenta",

value: "#f0f"

},

{

color: "black",

value: "#000"

},

{
```

```
color: "yellow",

value: "#ffo"

}

]

}

var r = getData();

var mainV = new MainV({

r: r

});

React.renderComponent(mainV, document.body);
```

Der HTML-Code für das Gleiche sollte folgendermaßen sein:

```
<script type="text/javascript"
src="http://underscorejs.org/underscore-
min.js"></script>
```

Der CSS-Code für das Gleiche sollte folgendermaßen sein:

```css
.box {
width: 45px;
height: 40px;
background-color: red;
}
```

Starten Sie einfach das Programm und beobachten Sie die Ausgabe, die folgendermaßen sein soll:

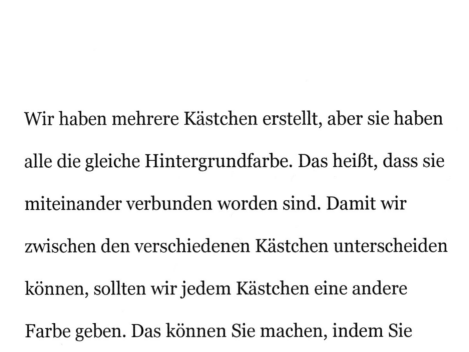

Wir haben mehrere Kästchen erstellt, aber sie haben alle die gleiche Hintergrundfarbe. Das heißt, dass sie miteinander verbunden worden sind. Damit wir zwischen den verschiedenen Kästchen unterscheiden können, sollten wir jedem Kästchen eine andere Farbe geben. Das können Sie machen, indem Sie diese Methode folgendermaßen hochladen:

Die JavaScript-Datei sollte folgendermaßen sein:

```javascript
var MainV = React.createClass({

getDefaultProps: function(){

return {

r: null

}

},

getInitialState: function(){

return {

}

},

render: function(){

return React.DOM.div({

className: 'root'

},

_.map(this.props.r, function(r){

return React.DOM.div({
```

```
        className: 'box',

        style: {

        backgroundColor: r.value

        }

      })

    })

  )

  }

})

var getData = function getData(){

return [

{

color: "green",

value: "#ofo"

},

{

color: "red",

value: "#foo"

},

{
```

```
      color: "cyan",

      value: "#0ff"

    },

    {

      color: "blue",

      value: "#00f"

    },

    {

      color: "magenta",

      value: "#f0f"

    },

    {

      color: "black",

      value: "#000"

    },

    {

      color: "yellow",

      value: "#ff0"

    }

  ]
```

```
}
var r = getData();
var mainV = new MainV({
r: r
});
React.renderComponent(mainV, document.body);
```

Die CSS-Datei sollte folgendermaßen sein:

```
.box {
width: 45px;
height: 40px;
background-color: red;
}
```

Die HTML-Datei sollte folgendermaßen sein:

```
<script type="text/javascript"
src="http://underscorejs.org/underscore-
min.js"></script>
```

Starten Sie einfach das Programm und beobachten
Sie die Ausgabe, die folgendermaßen sein soll:

```
<script type="text/javascript"
src="http://underscorejs.org/underscore-
min.js"></script>
```

Starten Sie einfach das Programm und beobachten
Sie die Ausgabe, die folgendermaßen sein soll:

```
var MainV = React.createClass({
getDefaultProps: function(){
return {
r: null
```

```
        }
    },
    getInitialState: function(){
    return {

    }
    },
    render: function(){
    return React.DOM.div({
    className: 'root'
    },
    _.map(this.props.r, function(r){
    return new ItemRendererV(r);
    })
    )
    }
})
var ItemRendererV = React.createClass({
    getDefaultProps: function(){
    return {
    color: null,
```

```
value: null
}
},
render: function(){
return React.DOM.div({
className: 'box',
style: {
backgroundColor: this.props.value
}
}, this.props.color)
}
})


var getData = function getData(){
return [
{
color: "green",
value: "#0f0"
},
{
```

```
    color: "red",

    value: "#foo"

    },

    {

    color: "cyan",

    value: "#off"

    },

    {

    color: "blue",

    value: "#oof"

    },

    {

    color: "magenta",

    value: "#fof"

    },

    {

    color: "black",

    value: "#ooo"

    },

    {
```

```
color: "yellow",

value: "#ff0"

}

]

}

var rows = getData();

var mainV = new MainV({

rows: rows

});

React.renderComponent(mainV, document.body);
```

Genau wie in der Ausgabe hat jedes Kästchen seine eigene Farbe. Es ist jetzt einfach sie zu unterscheiden. Es wäre auch gut, wenn wir einen Text in jedem der Kästchen hinzufügen würden. Das wird unten angezeigt.

Dann sollte der JavaScript-Code folgendermaßen geändert werden:

```
var MainV = React.createClass({
getDefaultProps: function(){
return {
r: null
}
},
getInitialState: function(){
return {
```

```
          }
        },
        render: function(){
          return React.DOM.div({
            className: 'root'
          },
          _.map(this.props.r, function(r){
            return React.DOM.div({
              className: 'box',
              style: {
                backgroundColor: r.value
              }
            }, r.color)
          })
          )
        }
      })



      var getData = function getData(){
```

```
return [
{
color: "green",
value: "#0f0"
},
{
color: "red",
value: "#f00"
},
{
color: "cyan",
value: "#0ff"
},
{
color: "blue",
value: "#00f"
},
{
color: "magenta",
value: "#f0f"
```

```
    },
    {
    color: "black",
    value: "#000"
    },
    {
    color: "yellow",
    value: "#ff0"
    }
    ]
    }
var r = getData();
var mainV = new MainV({
r: r
});
React.renderComponent(mainV, document.body);
```

Der CSS-Code sollte folgendermaßen sein:

```css
.box {

width: 45px;

height: 40px;

background-color: red;

}
```

Die HTML-Datei sollte folgenden Code haben:

```html
<script type="text/javascript"
src="http://underscorejs.org/underscore-
min.js"></script>
```

Starten Sie einfach das Programm und beobachten Sie die Ausgabe, die folgendermaßen sein soll:

Der Text wurde wie in der obigen Abbildung zu jedem der Kästchen hinzugefügt.

Eine Subkomponente erstellen

Das kann so einfach wie in den vorigen Kapiteln gemacht werden. Wir müssen nur einen Artikelabdecker mit nur einem einzigen Arbeitsschritt erstellen. Dieser Arbeitsschritt wird Daten abdecken. Schreiben Sie den folgenden JavaScript-Code:

```
var MainV = React.createClass({
getDefaultProps: function(){
return {
r: null
}
},
getInitialState: function(){
return {
}
```

```
},
render: function(){
return React.DOM.div({
className: 'root'
},
_.map(this.props.r, function(r){
return new ItemRendererV(r);
})
)
}
})
var ItemRendererV = React.createClass({
getDefaultProps: function(){
return {
color: null,
value: null
}
},
render: function(){
return React.DOM.div({
```

```
className: 'box',

style: {

backgroundColor: this.props.value

}

}, this.props.color)

}

})

var getData = function getData(){

return [

{

color: "green",

value: "#0f0"

},

{

color: "red",

value: "#f00"

},

{

color: "cyan",

value: "#0ff"
```

```
    },
    {
    color: "blue",
    value: "#00f"
    },
    {
    color: "magenta",
    value: "#f0f"
    },
    {
    color: "black",
    value: "#000"
    },
    {
    color: "yellow",
    value: "#ff0"
    }
  ]
}
var rows = getData();
```

```
var mainV = new MainV({

rows: rows

});

React.renderComponent(mainV, document.body);
```

Fügen Sie den folgenden CSS-Code hinzu:

```
.box {

width: 45px;

height: 40px;

background-color: red;

}
```

Fügen Sie den folgenden HTML-Code hinzu:

```
<script type="text/javascript"

src="http://underscorejs.org/underscore-

min.js"></script>
```

Starten Sie einfach das Programm und beobachten

Sie die Ausgabe, die folgendermaßen sein soll:

Wir haben gerade eine neue Instanz von einem

Artikelabdecker erstellt und dann haben wir sie in

unser Objekt übergeben.

Verfassung hin fügen

Um die Verfassung zu ändern, benutzen Sie die folgende Methode:

```
this.setState({key: 'value'})
```

Es ist gut die Verfassungsänderung mit der folgenden Methode zu vermeiden:

```
this.state.key = 'other value'
```

Wenn Sie nach der Änderung die Verfassung sofort abrufen möchten, benutzen Sie die folgende Methode:

```
this.setState({key: 'other value'},

function(){alert(this.state.key)})
```

Lassen Sie uns das mit einem Beispiel zeigen.

Schreiben Sie den folgenden Code:

```
var MainV = React.createClass({
getDefaultProps: function(){
return {
rows: null
}
},
getInitialState: function(){
return {
}
},
render: function(){
return React.DOM.div({
className: 'root'
},
```

```
_.map(this.props.r, function(r){

return new ItemRendererV(r);

})

)

}

})

var ItemRendererV = React.createClass({

getDefaultProps: function(){

return {

color: null,

value: null

}

},

getInitialState: function(){

return {

selected: false

}

},

render: function(){

return React.DOM.div({

className: 'box ' + (this.state.selected ? 'selected' : 'unselected'),

onClick: function(){this.setState({selected:

!this.state.selected})}.bind(this),

style: {
```

```
backgroundColor: this.props.value
}
}, this.props.color)
}
})
var getData = function getData(){
return [
{
color: "green",
value: "#0f0"
},
{
color: "red",
value: "#f00"
},
{
color: "cyan",
value: "#0ff"
},
{
color: "blue",
```

```
            value: "#oof"
        },
        {
            color: "magenta",
            value: "#fof"
        },
        {
            color: "black",
            value: "#ooo"
        },
        {
            color: "yellow",
            value: "#ffo"
        }
    ]
}
var r = getData();
var mainV = new MainV({
    r: r
});
React.renderComponent(mainV, document.body);
```

Fügen Sie den folgenden CSS-Code hinzu:

```css
.box {
width: 45px;
height: 40px;
background-color: red;
}
```

Fügen Sie den folgenden HTML-Code hinzu:

```html
<script type="text/javascript"
src="http://underscorejs.org/underscore-min.js"></script>
```

Starten Sie einfach das Programm und beobachten Sie die Ausgabe, die folgendermaßen sein soll:

Ereignisse verarbeiten

Sie brauchen manchmal nach einer Artikelwahl für die Aktualisierung eine übergeordnete Ansicht. Das kann während der Instanziierung eines Artikelabdeckers, in dem ein Stützenwert mit einer Funktion eingefügt wurde, gemacht werden. Die Funktion wird von dem Artikelabdecker wenn nötig abgerufen werden.

Lassen Sie uns das mit einem Beispiel zeigen.

Schreiben Sie den folgenden JavaScript-Code:

```javascript
var MainV = React.createClass({

getDefaultProps: function(){

return {

r: null

}

},

getInitialState: function(){

return {

}

},

__onItemRendererSelect: function(d){

alert(d.color)

},

render: function(){

var _this = this;

return React.DOM.div({

className: 'root'

},
```

```javascript
_.map(this.props.r, function(r){

return new IRendererV({

d: r,

onSelect: _this.__onItemRendererSelect

});

})

)

}

})

var IRendererV = React.createClass({



getDefaultProps: function(){

return {

d: {

color: null,

value: null

},

onSelect: null
```

```
	}
	},
	getInitialState: function(){
	return {
	selected: false
	}
	},
	__onClick: function(){
	this.setState({selected: !this.state.selected},
	function(){
	if(this.state.selected && this.props.onSelect){
	this.props.onSelect(this.props.d);
	}
	})
	},
	render: function(){
	return React.DOM.div({
	className: 'box ' + (this.state.selected ? 'selected' :
	'unselected'),
	onClick: this.__onClick,
```

```
style: {

backgroundColor: this.props.d.value

}

}, this.props.d.color)

}

})

var getData = function getData(){

return [

{

color: "green",

value: "#0f0"

},

{

color: "red",

value: "#f00"

},

{

color: "cyan",

value: "#0ff"

},
```

```
        {
        color: "blue",
        value: "#00f"
        },
        {
        color: "magenta",
        value: "#f0f"
        },
        {
        color: "black",
        value: "#000"
        },
        {
        color: "yellow",
        value: "#ff0"
        }
        ]
        }
        var r = getData();
        var mainV = new MainV({
```

```
  r: r
});

React.renderComponent(mainV, document.body);
```

Der CSS-Code sollte folgendermaßen geschrieben werden:

```css
.box {
width: 40px;
height: 40px;
background-color: red;
}

.selected {
opacity: 1;
}

.unselected {
opacity: 0.5;
```

}

Der folgende HTML-Code ist für das Gleiche:

```html
<script type="text/javascript"
src="http://underscorejs.org/underscore-
min.js"></script>
```

Wenn Sie all das oben aufgeschrieben haben, starten Sie einfach das Programm und beobachten Sie die Ausgabe, die folgendermaßen sein soll:

Beachten Sie, dass wir sowohl Daten als auch Funktion übergeben haben, um so die obige Ausgabe zu erhalten. Der Artikelabdecker hat die Aufgabe, die "*onSelect*"-Methode aufzurufen.

Damit unsere Farben ein wenig schöner werden, schreiben Sie den folgenden JavaScript-Code:

```css
.box {

width: 40px;

height: 40px;

background-color: red;

}


.selected {

opacity: 1;

}


.unselected {

opacity: 0.5;

}
```

Der CSS-Code sollte folgendermaßen sein:

```css
.box {

width: 60px;

height: 60px;
```

```css
background-color: black;

cursor: pointer;

-webkit-transition: opacity 0.4s;

-moz-transition: opacity 0.4s;

transition: opacity 0.4s;

}
.selected {

opacity: 0.85;

}
.selected:hover {

opacity: 1;

}


.unselected {

opacity: 0.5;

}
.unselected:hover {

opacity: 0.65;

}
```

Der HTML-Code sollte folgendermaßen sein:

```
<script type="text/javascript"
src="http://underscorejs.org/underscore-
min.js"></script>
```

Nachdem Sie einmal das Programm geschrieben haben, lassen Sie ihn einfach laufen. Die folgende Ausgabe wird angezeigt:

First
color

second
color

third
color

fourth
color

fifth color

sixth
color

seventh
color

Sehen Sie, dass die Farben sich verbessert haben. Wir

haben auch einen Übergang zu unserem Code

hinzugefügt.

Kapitel 3

Kummerkasten im React

Öffnen Sie nur Ihren Editor und schreiben Sie den folgenden Code:

```html
<!-- index.html -->
<html>
<head>
<title>React component</title>
<script src="https://github/react-
0.13.3.js"></script>
<script src="https://github/JSXTransformer-
0.13.3.js"></script>
<script src="https://code.jquery.com/jquery-
2.1.3.min.js"></script>
</head>
<body>
```

```
<div id="content"></div>
<script type="text/jsx">
var CommentBox = React.createClass({
render: function() {
return (
<div className="commentBox">
Hello there, this is a comment box.
</div>
);
}
});
React.render(
<CommentBox />,
document.getElementById('content')
);
</script>
</body>
</html>
```

Der Code wird Ihnen das folgende Ergebnis zeigen:

Hello there, this is a comment box.

Die Ausgabe zeigt einen Kummerkasten. Wir haben

die "React. CreateClass()"-Methode benutzt, um eine

neue React-Komponente zu erstellen.

Kapitel 4

Die Benutzeroberfläche in eine

Rangfolge von Komponenten

brechen

Das ist möglich mit React JavaScript. Schreiben Sie den folgenden JavaScript-Code:

```
var AttributeCategoryRow = React.createClass({
render: function() {
return (<tr><th
colSpan="2">{this.props.category}</th></tr>);
}
});


var AttributeRow = React.createClass({
render: function() {
```

```
var name = this.props.attribute.stocked ?

this.props.attribute.name :

<span style={{color: 'red'}}>

{this.props.attribute.name}

</span>;

return (

<tr>

<td>{name}</td>

<td>{this.props.attribute.value}</td>

</tr>

);

}

});


var AttributeTable = React.createClass({

render: function() {

var rs = [];

var lCategory = null;

this.props.attributes.forEach(function(product) {

if (attribute.category !== lCategory) {
```

```
        rs.push(<AttributeCategoryRow

        category={attribue.category}

        key={attribute.category} />);

        }

        rs.push(<AttributeRow attribute={attribute}

        key={attribute.name} />);

        lCategory = attribute.category;

    });

    return (

    <table>

    <thead>

    <tr>

    <th>Attribute</th>

    <th>Value</th>

    </tr>

    </thead>

    <tbody>{rs}</tbody>

    </table>

    );

    }
```

```
});


var SBar = React.createClass({

render: function() {

return (

<form>

<input type="text" placeholder="Search..." />

<p>

<input type="checkbox" />

{' '}

Show the available students only

</p>

</form>

);

}

});


var FAttributeTable = React.createClass({

render: function() {

return (
```

```jsx
<div>
<SearchBar />
<AttributeTable attributes={this.props.attributes} />
</div>
);
}
});
var ATTRIBUTES = [
{category: 'Form 1', price: '12', stocked: true, name:
'Male'},
{category: 'Form 1', price: '14', stocked: true, name:
'Female'},
{category: 'Form 1', price: '15', stocked: false, name:
'footballers'},
{category: 'Form 2', price: '17', stocked: true, name:
'Male students'},
{category: 'Form 2', price: '14', stocked: false, name:
'Female students'},
{category: 'Form 2', price: '20', stocked: true, name:
'football students'}
```

```
];
React.render(<FAttributeTable

attributes={ATTRIBUTES} />, document.body);
```

Fügen Sie den folgenden CSS-Code hinzu:

```
body {
padding: 20px
}
```

Der folgende HTML-Code sollte für das Gleiche sein:

```
<script
src="https://facebook.github.io/react/js/jsfiddle-
integration.js"></script>
```

Schreiben Sie einfach das Programm, dann starten Sie ihn und beobachten Sie die Ausgabe, die folgendermaßen sein soll:

Search...

☐ Show the available students only

Attribute	Value
Form 1	
Male	12
Female	14
footballers	15
Form 2	
Male students	17
Female students	14
football students	20

Wir haben jedes Kästchen um jede Komponente gezogen. Jedem Kästchen wurde ein Name gegeben. Beachten Sie, dass jede obige Komponente nur einen einzigen Arbeitsschritt hat. Wenn die Komponente wächst, dann teilen Sie sie in eine Reihe von Subkomponenten.

Die Kopfzeile der Tabelle, die die *"Attribute"*- und *"Value"*-Beschriftung enthält, ist eine Komponente, für sich allein. Es ist jedoch auch möglich, jede getrennt zu bearbeiten wenn Sie es so machen müssen, um nicht wie auf die obige Art begrenzt zu sein. Ein gutes Beispiel dafür ist, wenn sie wächst, was bedeutet, dass Sie vielleicht eine Komponente in eine Anzahl von Subkomponenten trennen müssen. Beachten Sie, dass die Komponenten in eine Rangfolge angeordnet wurden, bei der die Komponenten im Inneren anderer Komponenten gesetzt werden, wie Kinder behandelt werden müssen.

Es ist möglich, dass statisch mit React umzusetzen.

Da wir in diesem Fall bereits unsere Rangfolge haben, können wir mit einer App kommen, die unsere Daten in eine Benutzeroberfläche rendern wird, aber es wird keine Interaktivität geben. Damit wird viel Tipparbeit erforderlich. In letzterer Version, wird viel Denken erforderlich sein.

Um das zu implementieren, müssen Sie es so machen, dass Komponente andere Komponente zum Zweck der Datenübergabe benutzen werden. Stützen, die eigentlich für die Datenübergabe vom Kind zu Eltern benutzt werden, werden normalerweise in diesem Fall verwendet. Die App kann mit dem Top-down-Ansatz entwickelt werden, in dem Sie mit Komponenten in der Rangfolge höher oben oder aufbauend starten, in dem Sie mit den Komponenten in der Rangfolge unten anfangen.

Jedoch im Fall der einfachen Anwendungen, ist der Top-down-Ansatz sehr zu empfehlen, während für große und komplexe Anwendungen, der Bottom-up-Ansatz benutzt wird. In diesem Fall werden wir mit einer Reihe von wiederverwendbaren Komponenten kommen. Da wir versuchen die App statisch zu machen, werden wir nur die *"render()"*-Methode benutzen. Die Komponenten, die sich auf der Spitze der Rangfolge befinden, haben den Arbeitsschritt, das Datenmodell als Stütze haben. Es sind Änderungen an den zugrundeliegenden Datenmodells gemacht worden und somit wird es dann einfach sein, die Benutzeroberfläche nach dem Aufruf der *"React.render()"*-Methode zu aktualisieren.

Schreiben Sie einfach den folgenden JavaScript-Code:

```javascript
var AttributeCategoryRow = React.createClass({
  render: function() {
    return (<tr><th
colSpan="2">{this.props.category}</th></tr>);
  }
});
var AttributeRow = React.createClass({
  render: function() {
    var name = this.props.attribute.stocked ?
      this.props.attribute.name :
      <span style={{color: 'red'}}>
        {this.props.attribute.name}
      </span>;
    return (
      <tr>
        <td>{name}</td>
        <td>{this.props.attribute.value}</td>
```

```javascript
    </tr>
  );
 }
});
var AttributeTable = React.createClass({
render: function() {
var rs = [];
var lCategory = null;
this.props.attributes.forEach(function(attribute) {
if (attribute.category !== lCategory) {
    rs.push(<AttributeCategoryRow
category={attribue.category}
key={attribute.category} />);
  }
  rs.push(<AttributeRow attribute={attribute}
key={attribute.name} />);
  lCategory = attribute.category;
 });
 return (
  <table>
```

```
        <thead>
          <tr>
            <th>Attribute</th>
            <th>Value</th>
          </tr>
        </thead>
        <tbody>{rs}</tbody>
      </table>
    );
  }
});
var SBar = React.createClass({
  render: function() {
    return (
      <form>
        <input type="text" placeholder="Search..." />
        <p>
          <input type="checkbox" />
          {' '}
          Show the available students only
```

```
      </p>

    </form>

  );

  }

});

var FAttributeTable = React.createClass({

  render: function() {

    return (

      <div>

        <SearchBar />

        <AttributeTable

attributes={this.props.attributes} />

      </div>

    );

  }

});

var ATTRIBUTES = [

  {category: 'Form 1', price: '12', stocked: true, name:
'Male'},
```

```
  {category: 'Form 1', price: '14', stocked: true, name:
'Female'},
  {category: 'Form 1', price: '15', stocked: false, name:
'footballers'},
  {category: 'Form 2', price: '17', stocked: true, name:
'Male students'},
  {category: 'Form 2', price: '14', stocked: false, name:
'Female students'},
  {category: 'Form 2', price: '20', stocked: true, name:
'football students'}
];
React.render(<FAttributeTable
attributes={ATTRIBUTES} />, document.body);
```

Fügen Sie den folgenden HTML-Code hinzu:

```
body {
padding: 20px
}
```

Der CSS-Code sollte folgendermaßen sein:

```css
body {
padding: 20px
}
```

Fügen Sie den folgenden HTML-Code hinzu:

```html
<script
src="https://facebook.github.io/react/js/jsfiddle-integration.js"></script>
```

Schreiben Sie einfach das Programm, dann starten Sie ihn und beobachten Sie die Ausgabe, die folgendermaßen sein soll:

Search...

☐ Only show products in stock

Name	Price
Form 1	
Male	12
Female	14
footballers	15
Form 2	
Male students	17
Female students	14
football students	20

Kapitel 5

Formen im React erstellen

Es ist möglich Formen im React zu erstellen, die eine Interaktion dem Benutzer ermöglichen. Sowohl kontrollierte als auch unkontrollierte Formkomponenten können erstellt werden. Schreiben Sie den folgenden JavaScript-Code und lassen Sie ihn laufen:

```
render: function() {
return <input type="text" value="Hello there" />;
}
```

Nachdem Sie ihn laufen gelassen haben, beobachten Sie die Ausgabe. Sie sollte folgendermaßen sein:

```
Hello there                                    ;
```

Das Ergebnis zeigt ein Textfeld mit dem angegebenen

Text. Das sollte der Standardtext für das Textfeld

sein. Sie müssen allerdings möglicherweise diesen

Standardtext ändern. Betrachten Sie den folgenden

JavaScript-Code:

```
getInitialState: function() {
return {value: 'Hello there'};
},
handleChange: function(event) {
this.setState({value: event.target.value});
},
render: function() {
```

```
var v = this.state.value;
return <input type="text" value={v}
onChange={this.handleChange} />;
}
```

Nachdem Sie den obigen Code laufen gelassen haben,
werden Sie feststellen, dass es für einen Benutzer
möglich sein wird, eine andere Eingabe, eher als die
standardmäßig angezeigte, in das Textfeld
einzugeben. Angenommen, Sie möchten von dem was
der Benutzer als Eingabe in das Textfeld eingibt, eine
Trunkierung machen. Das ist eine gute Funktion in
Webseiten. Sagen wir, Sie möchten diese Eingabe auf
die ersten 150 Buchstaben verkürzen. Das kann
folgendermaßen gemacht werden:

```
handleChange: function(event) {
this.setState({value: event.target.value.substr(0,
150)});
}
```

Die obige Funktion wird das verkürzen was der Benutzer als Eingabe in die ersten 150 Buchstaben eingibt. Sie wissen jetzt, wie man gesteuerte Komponente im React erstellt. Es ist auch möglich, unkontrollierte Komponenten in dieser Sprache zu erstellen. Nehmen wir an, Sie möchten, dass das Textfeld nichts enthält, damit der Benutzer die Eingabe geben kann, die er oder sie will. Das kann folgendermaßen gemacht werden:

```
render: function() {
return <input type="text" />;
}
```

Schreiben Sie einfach den Code und lassen Sie ihn dann laufen. Die folgende Ausgabe wird angezeigt:

Das Textfeld enthält nichts drin. Der Benutzer kann dann Eingabe seiner oder ihrer Wahl geben. Das ist ein Beispiel eines unkontrollierten Elements im React. Beachten Sie die Verwendung der *"render"*-Funktion.

Eine andere Komponente eines Formulars im React ist der Textbereich. Das ermöglicht Ihnen, viele Eingaben zu geben, besonders wenn Sie etwas beschreiben. Sehen Sie sich den folgenden Code an:

```
render: function() {
return <textarea name="textarea">Provider a
description.</textarea>
/>;
}
```

Sie können den obigen Programm schreiben und laufen lassen. Es wird die folgende Ausgabe geben:

Provider a description.

Die Abbildung zeigt den Textbereich, den wir eben erstellt haben. Damit kann der Benutzer mehrere Zeilen angeben wenn er etwas beschreibt. Wir haben auch einen Standardtext für den Textbereich angegeben, aber das ist kein Muss. Sie könnten daran nicht interessiert sein.

Manchmal müssen Sie eventuell Ihre eigene Wahl aus einer Reihe von gegebenen Optionen treffen. Das kann durch die Nutzung eines *"select"* (Vorgabe) im React durchgeführt werden. So wird eine Vorgabe im React erstellt:

```
<select value="School">
<option value="university">University</option>
```

```html
<option value="college">College</option>
<option value="secondary">Secondary</option>
<option value="primary">Primary</option>
<option value="nursery">Nursery</option>
</select>
```

Das obige Programm sollte die folgende Ausgabe geben:

Wenn Sie auf den Pfeil klicken der nach unten zeigt, werden Sie die Optionen sehen, die wir festgelegt haben. Sie können diese wählen, die angegeben sind. Die obige Komponente ist gesteuert. Allerdings können Sie sie auch nicht gesteuert machen. In diesem Fall müssen Sie einen Standardwert für das Gleiche geben.

Kapitel 6
Animationen im React

React hat eine Add-On-Komponente namens

"ReactTransitionGroup", die eine niedrige

Programmierschnittstelle ist. Sie ist verantwortlich

für die Erstellung von Animationen in der Sprache.

"ReactCSSTrasionGroup" ist auch verwendet für den

Teil des kaskadierten Stylesheets von der

Übersetzung. Es ist eine hochrangige

Programmierschnittstelle und Programmierer

benutzen sie um eine Animation durchzuführen,

wann immer eine Komponente von React den DOM

verlässt oder beitritt.

Die *"ReactCSSTransitionGroup"* ist verantwortlich für die Umsetzung der Schnittstelle, in der alle Elemente, die in der Animation benutzt werden, umbrechen. Betrachten Sie das folgende Beispiel, in dem die Elemente einer Liste ein- und ausblenden:

```
var RCSSTransitionGroup =
React.addons.CSSTransitionGroup;
var TdoList = React.createClass({
getInitialState: function() {
return {items: ['hello', 'there', 'click', 'here']};
},
handleAdd: function() {
var nItems =
this.state.items.concat([prompt('Key in some text')]);
this.setState({items: nItems});
},
handleRemove: function(j) {
var nItems = this.state.items;
```

```
nItems.splice(j, 1);

this.setState({items: nItems});

},

render: function() {

var itms = this.state.items.map(function(item, j) {

return (

<div key={itm}

onClick={this.handleRemove.bind(this, j)}>

{itm}

</div>

);

}.bind(this));

return (

<div>

<button onClick={this.handleAdd}>Create

Item</button>

<ReactCSSTransitionGroup

transitionName="sample">

{itms}

</RCSSTransitionGroup>
```

```
</div>

);

}

});
```

Schreiben Sie einfach das obige Programm und lassen Sie ihn dann laufen. Die erste Ausgabe des Programms sollte folgendermaßen erscheinen:

```
hello
```

Das ist ein Text, den wir in unserem Programm angegeben haben. Das Programm sollte den Text animieren, den wir angegeben haben. Das nächste Wort, dass animiert werden muss ist *"there."* Es wird unten angezeigt:

there

Das ist das zweite Wort, das wir angegeben haben. Das wird fortgesetzt bis das letzte angegebene Wort animiert wird. Die Animation erfolgt durch Ein- und Ausblenden der Elemente der Listen, die wir angegeben haben.

Im Fall das Sie CSS nutzen müssen, um den Übergang auszulösen, fügen Sie den folgenden CSS-Code hin und ein neues Begriff in die Liste, dass übersetzt werden muss:

```css
.sample-enter {
opacity: 0.01;
transition: opacity .5s ease-in;
}
.sample-enter.sample-enter-active {
opacity: 1;
}
```

Nach der Entfernung eines Elements von der Liste, wird die Funktion es in dem DOM halten. Falls Sie animieren, werden Sie benachrichtigt, dass eine erwartete Animation nicht passiert ist. Der Grund ist weil die Funktion *"ReactCSSTransitionGroup"* die Elemente halten wird, die Sie auf der Seite angeben bis der Übergang abgeschlossen wird. Fügen Sie dieses CSS zu Ihrem Programm hinzu:

```
.sample-leave {
opacity: 1;
transition: opacity .5s ease-in;
}


.sample-leave.sample-leave-active {
opacity: 0.01;
}
```

Beachten Sie, dass das obige Programm nur einen einzigen Übergang zeigen wird. Für Sie ist es möglich, einen extra Übergang zu der Animation nach dem ersten Übergang hinzufügen. Das kann mit der Funktion *"transitionAppear"* gemacht werden. Beachten Sie das folgende Programm, welches die obige Funktion benutzt, nachdem Sie den Wert auf *"true."* setzen.

```
render: function() {
return (
<ReactCSSTransitionGroup
transitionName="sample" transitionAppear="true">
<h1>Fade the initial mount</h1>
</ReactCSSTransitionGroup>
);
}
```

Das Folgende sollte der CSS-Code für das Obige sein:

```
.sample-appear {

opacity: 0.01;

transition: opacity .5s ease-in;

}

.sample-appear.sample-appear-active {

opacity: 1;

}
```

Damit Kinder die Animation benutzen können, sollte die Stütze "*transitionAppear*"auf "*true.*" gesetzt werden. Die "*ReactCSSTransitionGroup*" kann auch zu dem DOM eingehängt werden. Betrachten Sie das Beispiel unten:

```
render: function() {
```

```
var itms = this.state.itms.map(function(item, j) {
return (
<div key={itm}
onClick={this.handleRemove.bind(this, j)}>
<ReactCSSTransitionGroup
transitionName="sample">
{itm}
</ReactCSSTransitionGroup>
</div>
);
}, this);
return (
<div>
<button onClick={this.handleAdd}>Create
Item</button>
{itms}
</div>
);
}
```

Versuchen Sie einfach das Programm laufen zu lassen und beobachten Sie, was passieren wird. Es wird kein Ergebnis zu sehen sein, weil die *"ReactCSSTransitionGroup"* am neuen Artikel angehängt wurde. Um das Problem zu lösen, hängen Sie den neuen Artikel der *"ReactCSSTransitionGroup"* an.

Beachten Sie, dass es für die Kinder der *"ReactCSSTransmissionGroup"* möglich ist, auf Null oder Eins sein. Das bedeutet, dass es für ein einziges Element, dass kommt oder geht, möglich ist, animiert zu werden. Beachten Sie das folgende Programm:

```
var ReactCSSTransitionGroup =
React.addons.CSSTransitionGroup;
var ICarousel = React.createClass({
```

```
propTypes: {

imageSrc: React.PropTypes.string.isRequired

},

render: function() {

return (

<div>

<ReactCSSTransitionGroup tName="carousel">

<img src={this.props.imgSrc}

key={this.props.imgSrc} />

</ReactCSSTransitionGroup>

</div>

);

}

});
```

Das Programm zeigt, wie man ein einfaches Bilderkarussell im React JavaScript umsetzt. Sie müssen dieses *"imgSc"* auf den Namen Ihres Bildes für das Bild, dass animiert werden soll, ändern. Beachten Sie, dass wir nur ein einziges Bild im obigen Beispiel genutzt haben. Es ist möglich, mehrere Bilder in ein Bilderkarussell, dass im React erstellt wurde, zu animieren.

Vielleicht wollen Sie auch eine Animation deaktivieren. Das können Sie tun indem Sie das "*transitionLeave*" auf "*false*" oder "*transitionEnter*" auf "*false.*" setzen. Das Ergebnis wird in beiden Fällen dasselbe sein. Diese Funktion kann angewendet werden, wenn Sie eine Eintrags-, aber keine Austragsanimation möchten. Beachten Sie auch, dass es mit der "*ReactTransitionGroup*" keine Möglichkeit gibt, wie Sie im Fall eines Übergangendes, benachrichtigt werden könntet. Sie können auch nichts anderes durchführen, was mit Ihrer Animation zusammengesetzt ist.

Kapitel 7
Zweibahnige verbindliche Helfer im React

React erlaubt den Daten nur in eine Richtung zu fließen. Das heißt, vom Besitzer an das Kind. Das ist aufgrund der Verwendung von *"ReactLink."* Es setzt die Verwendung des Mechanismus von der Von-Neumann-Architektur von Computern.

Allerdings müssen Sie möglicherweise einige Daten lesen und sie dann zurück zu dem Programm in Ihrer Anwendung einfließen. Ein gutes Beispiel ist wenn Sie Formen erstellen. In diesem Fall müssen Sie möglicherweise den Status von React aktualisieren, sobald Sie eine Eingabe vom Benutzer erhalten. Das kann auch zutreffen wenn das Layout im JavaScript erstellt wurde und wenn Sie dann einige Veränderungen in der Größe eines DOM-Elements vornehmen möchten.

Im React kann das leicht durchgeführt werden, wenn Sie auf ein *"change"*-Ereignis hören, der von Quelle Ihrer Daten gelesen wird und dann endlich den *"setState()"*auf einem Ihrer Komponenten abrufen. Wenn Sie leicht verständliche Programme erstellen müssen, dann können Sie die Spirale für den Datenfluss schließen.

Beachten Sie das untere Beispielprogramm:

```
var NLink = React.createClass({
getInitialState: function() {
return {message: 'Hello there'};
},
handleChange: function(event) {
this.setState({message: event.target.value});
},
```

```
render: function() {

var mssge = this.state.mssge;

return <input type="text" value={mssge}

onChange={this.handleChange} />;

}

});
```

Wir haben gerade eine einfache Form ohne "*ReactLink.*" erstellt. Lassen Sie einfach das Programm laufen und beobachten Sie die Ausgabe. Sie wird folgendermaßen sein:

Die Form funktioniert nur in der richtigen Weise. Im Falle, dass die Form jedoch mehrere Felder hat, müssen wir wortreicher sein. Mit *"ReactLink"* können wir etwas Tippzeit sparen. Beachten Sie den folgenden Code:

```
var WLink = React.createClass({
mixins: [React.addons.LinkedStateMixin],
getInitialState: function() {
return {message: 'Hello there'};
},
render: function() {
return <input type="text"
valueLink={this.linkState('message')} />;
}
});
```

Beachten Sie die Verwendung von *"ReactSateMixin"*, dessen Aufgabe ist, die *"linkSate()"*-Methode zum React-Komponenten hinzufügen. Das wird wiederum einen *"ReactLink"*-Objekt geben, der den aktuellen Status von React und einen Rückruf gibt, um diesen Status zu ändern. Nachdem Sie einmal das Programm laufen gelassen haben, wird ein Textfeld, wie unten angegeben, angezeigt:

Objekte, die zum *"ReactLink"* gehören, können als Stützen c entweder nach oben oder nach unten übergeben werden. Das bedeutet, dass das zweibahnige Verbinden leicht zwischen dem Status höherer und tieferer Rangfolge, gesetzt werden kann. Die erste Phase von *"ReactLink"* ist beim Erstellen und die zweite Phase ist bei der Verwendung der Gleichen.

Wenn Sie einen ReactLink ohne *"LinkedStateMixin"* erstellen müssen, tun Sie Folgendes:

```
var WMixin = React.createClass({
getInitialState: function() {
return {message: 'Hello there'};
},
handleChange: function(newValue) {
this.setState({message: newValue});
},
```

```
render: function() {

var vLink = {

value: this.state.message,

requestChange: this.handleChange

};

return <input type="text" valueLink={vLink} />;

}

});
```

Es ist sehr deutlich, dass *"ReactLink"*-Objekte nur einen Wert und eine value and a *"RequestChange"* - Stütze enthalten.

Wenn Sie einen *"ReactLink"* ohne einen valueLink erstellen müssen, tun Sie folgendes:

```
var WLink = React.createClass({

mixins: [React.addons.LinkedStateMixin],

getInitialState: function() {
```

```
return {message: 'Hello there'};
},
render: function() {
var vLink = this.linkState('message');
var handleChange = function(f) {
valueLink.requestChange(f.target.value);
};
return <input type="text" value={vLink.value}
onChange={handleChange} />;
}
});
```

Das wird Ihnen einen Textfeld geben, aber ohne

einen valueLink

Kapitel 8
Stützen übertragen

Programmierer möchten eine Abstraktion bei der
Programmierung im React erstellen. Der äußere Teil
wird eine Komponente haben, dass für die
Durchführung von etwas Kompliziertem, benutzt
werden kann.

Manuell übertragen

Sie müssen die Eigenschaften die meiste Zeit übergeben. Das ist um sicherzustellen, dass nur eine Teilmenge im Innen der Programmierschnittstelle, ausgesetzt wurde und diese, die arbeiten sollte.

Beachten Sie den folgenden Programmcode:

```
var FCheckbox = React.createClass({
render: function() {
var fClass = this.props.checked ? 'FancyChecked' :
'FancyUnchecked';
return (
<div className={fClass}
onClick={this.props.onClick}>
{this.props.children}
</div>
);
}
});
React.render(
```

```
document.getElementById('sample')
);
```

Schreiben Sie einfach das Programm und lassen Sie ihn dann laufen. Sie werden die folgende Ausgabe kriegen:

Hello there!

Wir haben die FancyCheckBox im React erstellt. Die Übertragung wurde manuell durchgeführt.

Übertragung mit JSX

Jedes Merkmal durchzugehen, kann die meiste Zeit langwierig und schwach sein. Um das zu verhindern, wird empfohlen, dass Sie zerstörende Zuordnung zusammen mit Restmerkmalen benutzen, zum Zwecke der Gewinnung von unbekannten Merkmalen. Alle Merkmale, die verbraucht werden müssen, sollten aufgeführt werden und dann vom "... other" folgen. Das wird unten angezeigt:

```
var { checked, ...other } = this.props;
```

Damit werden alle Stützen weitergegeben mit Ausnahme von denen, die verbraucht wurden. Betrachten Sie den unteren Programmcode:

```
var FCheckbox = React.createClass({
render: function() {
var { checked, ...other } = this.props;
var fClass = checked ? 'FancyChecked' :
'FancyUnchecked';
// `other` contains { onClick: console.log } but has no
checked property
return (
<div {...other} className={fClass} />
);
}
});
React.render(
<FCheckbox checked={true}
onClick={console.log.bind(console)}>
Hello there!
</FancyCheckbox>,
document.getElementById('sample')
);
```

Schreiben Sie einfach das obige Programm und
lassen Sie ihn dann laufen. Die Ausgabe wird
folgendermaßen sein:

Hello there!

Das zeigt, dass wir erfolgreich unsere schicke
Kontrollbox erstellt haben. Die Stütze *"checked"* ist
ein DOM-Attribut. Im Fall, dass Sie das Merkmal
nicht auf die obige Weise gegeben haben, könnten Sie
es am Ende übergeben. Wenn Sie unbekannte *"other"*
Stützen geben, dann verwenden Sie die
untenstehenden Merkmale:

```
var FCheckbox = React.createClass({
render: function() {
var fClass = this.props.checked ? 'FancyChecked' :
'FancyUnchecked';
// ANTI-PATTERN: `checked` which will be passed
down the inner component
return (
<div {...this.props} className={fClass} />
);
}
});
```

Verbrauch und Übertragung von der selben Stütze

Es ist möglich, dass Ihre Komponente die selbe Stütze vielleicht verbraucht und dann überträgt. In diesem Fall können Sie sie allerdings mit {checked} weitergeben. Diese Methode ist im Vergleich zu der vollen Übergabe von *"this.prop"* besser. Deswegen wird wegen den Fusseln und Refaktor leicht sein. Beachten Sie den unteren Programmcode:

```
var FCheckbox = React.createClass({
render: function() {
var { checked, title, ...other } = this.props;
var fClass = checked ? 'FancyChecked' :
'FancyUnchecked';
var fTitle = checked ? 'X ' + title : 'O ' + title;
return (
```

```
<label>
<input {...other}
checked={checked}
className={fClass}
type="checkbox"
/>
{fTitle}
</label>
);
}
});
```

Schreiben Sie einfach das obige Programm und lassen Sie ihn laufen. Sie werden die folgende Ausgabe erhalten:

Die Ausgabe zeigt eine Checkbox, die standardmäßig überprüft worden ist. Sie müssen beachten, dass die benutzte Reihenfolge viel ausmacht. Im Fall das "... *other"* vor JSX-Stützen kommt, wird es für die Verbraucher der Stützen schwer sein, sie zu überschreiben. Im obigen Programm sind wir sehr sicher, dass wir eine Ausgabe von der Checkboxart kriegen werden, sobald wir das Programm laufen lassen.

Mit den Restmerkmalen ist es für Sie möglich, eine Extraktion der Merkmale eines Objektes zu machen, welches im anderen oder neuen Objekt verbleibt. Jedes andere aufgeführte Merkmal ist nicht inbegriffen. Beachten Sie folgendes:

```
var { a, b, ...c } = { a: 1, b: 2, x: 3, y: 4 };
a; // 1
b; // 2
c; // { x: 3, y: 4 }
```

Das Programm zeigt, wie man effektiv ein ES7-Merkmal implementiert.

Übertragung mit einem Unterstrich

Eine Bibliothek kann anstelle des JSX genutzt und das gleiche Muster kann erzielt werden. Mit dem Unterstrich können die Merkmale mit dem "_.omit" ausgefiltert und in ein neues Objekt mit dem "_.extend" kopiert werden. Der folgende Programmcode zeigt wie das gemacht werden kann:

```
var FCheckbox = React.createClass({
render: function() {
var chckd = this.props.checked;
var othr = _.omit(this.props, 'chckd');
var fClass = checked ? 'FancyChecked' :
'FancyUnchecked';
return (
```

```
React.DOM.div(_.extend({}, other, { className:

fClass }))

);

}

});
```

Schreiben Sie einfach das obige Programm und lassen Sie ihn dann laufen. Folgende Ausgabe wird angezeigt werden:

Von der obigen Abbildung ist es sehr deutlich, dass wir das selbe Ergebnis mit einer anderen Methode erzielt haben.

Kapitel 9
React und Browser

Mit React ist zu viel Abstraktion derart vorgesehen, dass Sie nicht mal auf den DOM auf direktem Wege zugreifen müssen. In den meisten Fällen genügt es Ihnen auf die unterliegende Programmierschnittstelle zuzugreifen, damit Sie mit dem existierendem Code oder einer dritten Bibliothek arbeiten können.

React JavaScript ist eine sehr schnelle Programmiersprache. Es hält eine Darstellung des DOM im Speicher und die *"render()"*-Methode ist verantwortlich für die Rückführung der Beschreibung des DOM. Um den Browser zu aktualisieren, muss React den Unterschied zwischen der In-Memory-Beschreibung und der Beschreibung berechnen.

Reacts' *"faked browser"* ist einfacher zu nutzen und er funktioniert gut. Sie sollten also darüber nachdenken, ihn die ganze Zeit zu benutzen. Vielleicht werden Sie manchmal auf die unterliegende Programmierschnittstelle zugreifen müssen, um mit einer dritten Bibliothek sowie mit dem JQuery Plugin arbeiten zu können.

findDOMNode() und Refs

Sie müssen ein Kennwort für einen DOM-Netzknoten erhalten, um mit einem Browser im React arbeiten zu können. Die Funktion *"React.findDOMNode(Komponente)"* im React dient diesem Zweck. Sie müssen Sie abrufen, um ein Kennwort für einen DOM-Netzknoten von Ihrer Komponente zu erhalten. Allerdings wird diese Funktion nur bei diesen Komponenten funktionieren, die auf DOM eingestellt wurden. Das müssen eingehängte Komponenten sein, andernfalls wird eine Ausnahme gemacht.

Betrachten Sie den folgenden Programmcode:

```
var MComponent = React.createClass({
handleClick: function() {
// focusing on the text input explicitly using raw DOM
API.
React.findDOMNode(this.refs.mTxtInput).focus();
},
render: function() {
// The attribute ref will add a reference to our
component to
// this.refs once the component has been mounted.
return (
<div>
<input type="text" ref="mTxtInput" />
<input
type="button"
value="Focussing on the text input"
onClick={this.handleClick}
/>
</div>
);
```

```
}
});


React.render(

<MComponent />,

document.getElementById('sample')

);
```

Schreiben Sie einfach das obige Programm und
lassen Sie ihn dann laufen. Beachten Sie die Ausgabe,
die Sie kriegen. Sie sollte folgendermaßen sein:

	Focussing on the text input

Beachten Sie, dass das Programm die Komponente angezeigt hat, die wir gebraucht haben. Das Programm hat auch gezeigt, dass wir sowohl auch *"refs"* verwenden können, um auf Ihre Komponente weiter zu kommen, als auch *"this"*, um die aktuelle Komponente von React zu kriegen.

Mehr auf Refs

Nachdem Sie die *"render()"*-Methode genutzt haben, um die Benutzeroberfläche von Ihrer Anwendung anzuzeigen, werden Sie möglicherweise die Komponente aufrufen müssen, die auf den Instanzen der Komponenten sind, die von der Abdeckmethode zurückgegeben wurden.

Das ist nicht, um einen Datenfluss durch Ihre Anwendung zu erzeugen, seit der Datenfluss von React dafür weder direkt oder indirekt verantwortlich ist. Allerdings ist es gut zu wissen, wie man das implementiert, falls Sie den Wunsch bekommen, dass eines Tages zu nutzen. Beachten Sie das Programm unten:

```
var Application = React.createClass({
getInitialState: function() {
return {userInput: ''};
},
handleChange: function(ev) {
this.setState({userInput: ev.target.value});
},
clearAndFocusInput: function() {
this.setState({userInput: ''}); // Clearing the input
// focusing on the <input /> now!
},
```

```
render: function() {

return (

<div>

<div onClick={this.clearAndFocusInput}>

Click for focusing and Resetting

</div>

<input

value={this.state.userInput}

onChange={this.handleChange}

/>

</div>

);

}

});
```

Schreiben Sie einfach das obige Programm und

lassen Sie ihn dann laufen. Sie werden die folgende

Ausgabe erhalten:

Click for focusing and Resetting

In dem Programm möchten wir der Eingabekomponente sagen, dass sie fokussionieren soll, nachdem ihr Wert sich auf eine leere Zeichenfolge verändert hat. Diese Komponente kann ihre Stützen nicht über die Zeit folgern. Wir müssen sie informieren, dass sie sich fokussieren soll. Die *"render()"*-Methode gibt eine Beschreibung der Kinder zu einer bestimmten Zeit allerdings zurück, anstelle der tatsächlichen Zusammensetzung der Komponenten von dem Kind. Das bedeutet, dass Sie sich nicht ausschließlich auf etwas verlassen sollten, was von der *"render()"*-Methode zurückgegeben wurde, da es zu einer bestimmten Zeit nicht sinnvoll sein könnte.

Betrachten Sie das folgende Gegenbeispiel, dass gegeben wurde:

```
// This is a counterexample. Avoid this.
render: function() {
var mInput = <input />; // let us try to call a number of methods on this
this.rememberThisInput = mInput; // this will serve as an input in future NOW!
return (
<div>
<div>...</div>
{mInput}
</div>
);
}
```

In dem obigen Beispiel, haben wir eine echte Stützinstanz für das Ein- <Ausgabe /> -Element erstellt.

Refrückruf

Die "*ref*"-Attribute kann eher als eine

Rückruffunktion als ein Name genutzt werden.

Sobald die Komponente eingehängt wird, wird die

Ausführung dieses Elementes sofort durchgeführt

werden. Die referenzierte Komponente muss als ein

Parameter übergeben werden, was bedeutet, dass der

Parameter sofort von der Rückruffunktion benutzt

werden kann. Das Kennwort kann auch für eine

zukünftige Verwendung gespeichert werden.

Beachten Sie das folgende Beispiel:

```
var App = React.createClass({
getInitialState: function() {
```

```
return {userInput: ''};
},
handleChange: function(ev) {
this.setState({userInput: ev.target.value});
},
clearAndFocusInput: function() {
// Clearing the input
this.setState({userInput: ''}, function() {
// After re-rendering of the component, this code will
be executed.
React.findDOMNode(this.refs.theInput).focus();   //
Already focussed
});
},
render: function() {
return (
<div>
<div onClick={this.clearAndFocusInput}>
Click for Focusing and Resetting
</div>
```

```
<input

ref="theInput"

value={this.state.userInput}

onChange={this.handleChange}

/>

</div>

);

}

});
```

In dem obigen Beispiel wird das zurückgegebene

Ergebnis eine Beschreibung von einer Instanz von

einem <input/> sein. Das Programm sollte Ihnen die

folgende Oberfläche zeigen:

Click for Focusing and Resetting

Jedoch ist die richtige Instanz über
"this.refs.theInput" erreichbar. Das wird immer die
richtige Instanz zurückgeben, wenn die Abdeckung
die untergeordnete Komponente mit ref="input"
zurückgibt. Das trifft auch auf übergeordnete
Komponenten zu. Beachten Sie, dass, wenn ein Kind
zerstört ist, dass dasselbe mit seinem Ref passiert. Sie
sollten vermeiden, die Refs in der Abdeckmethode
einer Komponente abzurufen.

Schlussfolgerung

Daraus lässt sich schließen, dass React JavaScript, was Menschen häufig auf ReactJS oder React.js beziehen, eine JavaScript-Bibliothek ist. Es ist quelloffen, was bedeutet, dass Sie es kostenlos runterladen können. Programmierer benutzen sie, um Benutzeroberflächen für Webanwendungen zu entwickeln. Die Bibliothek wurde entwickelt, um Programmierern zu helfen die Probleme zu lösen, die Sie bei der Entwicklung von Einzelseitenanwendungen hatten.

Es ist für Entwickler auch möglich, diese Bibliothek für die Entwicklung von großen Webanwendungen zu nutzen, die auf Daten, die sich am häufigsten ändern, zugreifen- und sie verwalten können. Die Sprache hat den Blick auf die Webanwendung, was bedeutet, dass sie nur für die Entwicklung des Benutzeroberflächenteils von der Anwendung, benutzt werden kann. Es ist möglich sie mit anderen Bibliotheken, die zum JavaScript gehören, zu integrieren, damit die entwickelten Anwendungen für Benutzer erstaunlich sein können.

Damit Sie die Bibliothek nutzen können, müssen Sie anfangen, sie runterzuladen. Die heruntergeladene Datei wird immer in einem ZIP-Format sein, was bedeutet, dass sie nach dem Download extrahiert werden muss. Die extrahierten Komponente sollten im selben Verzeichnis gehalten werden wo Ihre Programmdateien vom React gespeichert sein werden. Sie können auch wählen, den Pfad von dem Speicherort der extrahierten Komponenten, richtig anzugeben. Solange Sie die Bibliothek haben, müssen Sie die Programmierung starten.

Das Schreiben des Codes kann in jedem Editor gemacht werden, wenn Sie damit einverstanden sind. Es gibt auch online zahlreiche Editoren für den Zweck des Schreibens eines React-Programms. Ein gutes Beispiel dafür ist das *"jsfiddle."* Damit müssen Sie die JavaScript-Bibliothek nicht runterladen, sondern nur den React-Code schreiben und ihn dann laufen lassen. React unterstützt die Verwendung von Komponenten, die man nutzen kann, um Klassen aufzurufen.

Man kann auch Daten zu React-Komponenten hin
fügen. Die Sprache nutzt Elemente namens *"props"*
die für den Durchgang der Daten vom Kind zu den
Eltern, verantwortlich sind. Die Benutzeroberfläche
einer Anwendung, die im React entwickelt wurde,
kann in eine Rangfolge von Komponenten gebrochen
sein.